만화로 독파 재밌는 만화성경

신약편

신약편

주요 등장인물

예수 그리스도

B.C. 4년에 유대 지방에서 태어나 서른 살에 세례 요한에게 세례를 받는다. 그 후 제자들과 함께 갈릴리 지방을 중심으로 선교활동을 하면서 훌륭한 가르침과 기적으로 많은 이들을 구하였고, 사람들은 그를 믿게 된다. 나사렛 출신이라 '나사렛 예수'라고도 불린다.

예수의 탄생에서부터 죽음, 부활까지의 스토리

마리아

예수의 어머니. 천사가 일러주어 하나님의 아들을 잉태한 것을 알게 된다.

요셉

예수의 아버지, 나사렛에 사는 목수로 마리아의 약혼자이자 남편.

세례 요한

마리아의 친척인 엘리사벳의 아들. 광야에서 사람들에게 회개하라고 가르쳤으며 예수에게 세례를 베푼다.

헤롯왕

예수가 태어났을 당시 유대왕.

유다

예수에게 선택 받은 열두 제자 중 한 사람. 제자 중에서 회계 업무를 맡다. 나중에 예수를 곤경에 빠뜨린다.

사탄

광야에서 예수를 유혹하는 악마.

베드로

갈릴리 출신의 어부. 예수의 제자가 되어 예수의 강한 신임을 얻는다. 열두 제자 중 중심인물로 본명은 시몬이었으나 예수에게 베드로(바위)라는 이름을 받았다.

차례

성경
하나님을 믿는 그리스도인에게
빼놓을 수 없는 신성한 책
그것은 「구약성경」과 「신약성경」
이다.

※창세기－「구약성경」 맨 처음 부분에 있는 천지창조로 시작되는 이야기.

성스러운 이야기
하나님과 이스라엘
민족 간의 약속
언젠가 오실 구세주(메시아)에
관한 예언이 기록되어 있다.
그리고 A.D. 50년경부터 기록된
「신약성경」에는
메시아인 예수 그리스도의
탄생과 죽음, 부활로

하나님과 인간 사이에 맺어진
'새로운 언약'
그리고-
예수 그리스도를 믿는 모든
사람들의 구원과 언약의 말씀이
기록되어 있다.

신약성경

※복음서–예수 그리스도의 언행록. 복음이란 '좋은 소식'을 의미함.

B.C. 4세기경
※갈릴리 지방
나사렛 마을
마리아.
?
마리아야…
쏙
까악!
팍
데굴
당…
당신은?
은혜 받은 여자여,
축하한다.
무서워하지 말아라.
하나님께서
네게 큰 은혜를
주셨다.

너는 곧 위대한 인물 '가장 높으신 하나님의 아들'을 낳을 것이다.
그리고 그 아이를 예수라 부르거라.
네…?!
저는 아직 결혼도 안 한 몸인데… 아이라뇨!
성령님이 네 위에 내려오시고 하나님의 능력이 너를 덮어주셨다.
네 친척 엘리사벳도 아이를 가졌단다.
?

엘리사벳은 나이가 많은 데다 불임이라 아이를 낳지 못했다.
하나님은 못 하시는 일이 없으시지.
네? 엘리사벳이…?
주님…
저는 주의 종입니다.
주의 말씀대로 되기를 바랍니다.

마리아에게는 목수인 요셉이라는 약혼자가 있었다.
요셉은 마리아의 임신 소식에 괴로워했다.
흐윽
아아… 마리아.
어째서… 어째서 네가 다른 남자의 아이를…
그리고 이대로 가면 마리아는
화악
※간통죄로…
※간통죄 - 남편이 아닌 다른 사람과 관계를 가진 사람은 법으로 엄하게 처벌했다.

!?
뭐… 뭐지…?!
요셉아,
무서워 말고
마리아와 결혼하거라.
마리아는 성령으로
임신한 것이다.
"보라 처녀가
임신하여 아들을
낳을 것이니
그의 이름을
'임마누엘'이라
부를 것이다."
하나님의 예언이
이루어질 것이다.
그럼,
마리아는…!

요셉아, 무서워 말아라…
앗!
사라 졌어.
그래… 그랬구나!
그 후 요셉은 천사의 예언대로 마리아와 결혼하였다.

얼마 후,
로마 황제가
전국에
※주민등록을
하라는 칙령을
내렸다–
※당시 이스라엘인들은 로마 제국의 통치를 받았기 때문에
로마 황제의 명으로 출신지에서 주민등록을 해야 했다.
따그닥
마리아,
괜찮아?
괜찮아요.
따그닥
조금만 더 가면
베들레헴이야.
도착하면 쉬자.
네…
요셉과 임신한
마리아는
고향인
베들레헴으로
가고 있었다.
따그닥
따그닥
웅성
웅성
웅성

사람이 몰려서 빈 방이 없어요.
없네요…
미안해, 마리아. 쉴 곳이 이런 데 밖에 없네.
아…! 아앗!!
응?
휘청
괜찮아요. 요셉…!!
마… 마리아!!

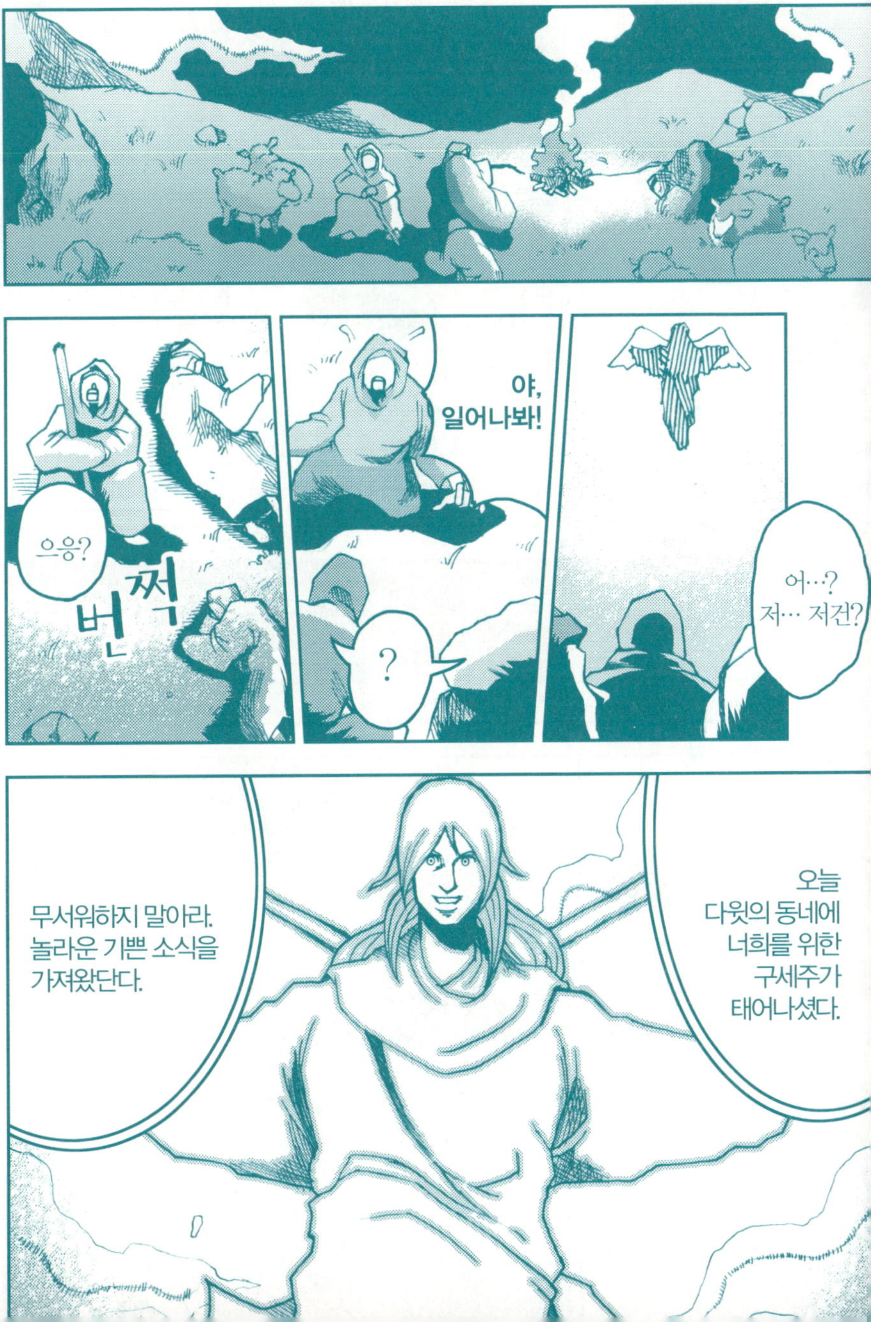

으응?
번쩍
야,
일어나봐!
?
어…?
저… 저건?
무서워하지 말아라.
놀라운 기쁜 소식을
가져왔단다.
오늘
다윗의 동네에
너희를 위한
구세주가
태어나셨다.

※그리스도-구세주를 의미함.

……
네, 들어오세요. 이쪽이에요.
아아… 이분이…!
구세주가 될 아이는 이렇게 ※다윗의 자손인 요셉과 마리아 사이에서 태어났다.
예루살렘

※ 다윗–고대 이스라엘의 왕.

척
무슨 일로 이 ※헤롯을 찾아왔는가?
※ 헤롯-당시 유대를 통치하던 왕.
저희는 동방에서 왔습니다.
유대의 왕으로 태어나신 분을 뵈러 왔습니다.
유대의 왕이라고…?
흥…!
저희는 동쪽 하늘에서 그분의 큰 별을 보고 쫓아왔습니다.

벌떡
헤롯왕은
자신이 왕위에서
밀려날까 두려워
신하들에게
유대왕에 대해
조사하도록
시켰다.
처음 듣는
얘긴데…!
타다닥
저희가
알아냈습니다.
응?
베들레헴입니다!
예언서에 그렇게
기록되어
있습니다.
그렇군
…
씨익

부르셨습니까,
왕이시여.
척
그 유대왕 말이다.
베들레헴에서
태어난다더구나.
그래서 말인데…
너희들이 그 아이를
보고 왔으면 좋겠구나.
아…
예.
그 뒤
헤롯왕은
세 명의 박사를
베들레헴으로
보낸다.
후
만약 방해가
될 것 같으면
바로…

박사들은 별을 따라 예수에게로 갔다.
?
네, 보세요. 이름은 예수라고 해요.
아이는 할례를 받고 천사의 말대로 예수라 불렸다.

아이고,
예수님…
참참,
잊어버리기
전에 예수님께
선물을!
박사들은
황금과 유향과
몰약을
예수에게
드리고
돌아갔다.
헤롯에게로
돌아가지 말아라.
그러나 꿈에서
천사의 계시를
받고 헤롯에게
돌아가지
않았다.

왜 아직도
돌아오지
않는 거야!
어떻게
된 거야!!
며칠이나
지났는데…
뭐야?!
사실은…
소문에… 박사들이
그냥 고향으로
돌아갔다고 합니다.
저어기…
무엇이라???
찌릿
엄마야!
젠장…
그렇다면!

새로운 왕이
나타나 자신의
지위가 흔들릴
것이 두려웠던
헤롯왕은…
꺄아아아악!!
살려줘!!!!
베들레헴에 사는
두 살 이하의 남자
아이를 모두 죽이라
는 명령을 내렸다.

하지만 요셉은 천사의 계시를 받고 이미 베들레헴을 떠나 이집트로 향하고 있었다.
그리고 헤롯왕이 죽은 후에 다시 이스라엘 나사렛으로 돌아갔다.
그 후 10년이 흘러–

요셉과 가족들은 유월절을 보내기 위해 예루살렘으로 가고 있었다.
예수야!
어느새 사라진 거야.
얘가 어디 갔지…?
부모와 떨어진 예수가 발견된 건 그로부터 사흘 뒤였다.
아직 어린데 똑똑하구나.
?
하나님의 아들이시다!
예수야!!
예수야, 어째서 성전에 있는 거니? 얼마나 찾아다녔다고!
타다닥
쓱
왜 저를 찾으셨어요?

제가 아버지의 집에
있을 거라 생각
못 하셨어요?
…
예수야…
그 후,
나사렛으로
돌아온 예수는
점점 더
지혜가 자라고
키도 자라
사람들에게
사랑을
받았다.

※세례-몸을 물에 담그며 죄와 더러움을 씻어내는 의식.

속옷이 두 장 있는
사람은 없는
사람에게
한 장을 주어라!!
흥
먹을 것도
마찬가지다!!
그…
그렇군.
으음…
세리는 필요
이상으로
세금을 걷지
말아라!
병사들은
억지로 돈을 빼거나
죄 없는 사람을
잡지 말아라!!

혹시…
당신이 그리스도이신가요?
아니다!!
나보다 더 위대한 분이 곧 오신다!
나는 그분의 신발 끈을 풀 만한 자격도 없다!!
그분은 성령과 불로 너희들에게 세례를 주실 거다.

웅성
웅성
척
쓰윽
착
!?
어엇…!!!

아아…!
첨벙
내게도 세례를
베풀어주어라.

저야말로…
당신께 세례를 받아야지요.
…지금은 내 말대로 하자.
풍덩
그게 우리에게 어울린다.
이때, 하늘이 열리고 성령이 비둘기 같이 내리면서 하나님의 음성이 들려왔다.

너는 내가 사랑하고
기뻐하는 내 아들이다.

휘이이이익
그 후, 예수는
사탄의 시험을
받기 위해 성령에
이끌려 광야로
갔다.
그리고
40일간
금식 후
배가 고플
때쯤 사탄
이 나타났
다.
?

켁켁켁.
예수여,
너가 하나님의
아들이면
이 돌을 빵으로
바꿔봐라!
쓱
쓱
……

"사람은 빵으로만 살 수 없다!
하나님의 모든 말씀으로 산다"라고 성경에도 쓰여 있다.
칫!
그렇담…
!?
사탄은 예수를 예루살렘 성전 꼭대기로 데리고 갔다.

…
너가 하나님 아들이면 여기서 뛰어내려봐라. "하나님이 천사들에게 명령하여 너를 손으로 붙들어서
네 발이 돌에 부딪히지 않게 하실
것이다"라고 성경에 쓰여 있지?
척
성경에는 "주 너의 하나님을 시험하지 말라"고도 쓰여 있다!
우씨…

다음으로 사탄은 예수를 아주 높은 산으로 데려가 이렇게 말했다.
?!
네가 만약 엎드려
내게 절하면 세상의 모든 나라와 영광을 주겠다!!
……

사탄아
물러가라!!
성경에는
"주 너의 하나님을 경배
하고, 그분만을 섬기라"
라고 쓰여 있다!!
으윽!
부르릅
그러자
사탄은
떠나가고
천사들이
예수의 시중을
들었다.
선교의 시작
그 후, 예수는
선교활동을
시작하였다.

천국이
가까이 왔다.
모두 회개하여라.
베드로, 안드레!
배를 빌려줘서
고맙다.
훌륭한
가르침
이었어.
응!

그러게요.
어제부터 한 마리도
못 잡았어요…
아니에요.
오늘도 훌륭한
가르침 감사합니다.
그리고 물고기도
잘 안 잡히는
걸요.
괜찮아.
나를 믿어
봐라.
아,
예…
다시 한번
그물을
던져보겠니?
어제도
해봤는데 안
되던데…
네?
엄청나
~~
우와!!

많이
잡혔어!
펄떡
펄떡
헤헤
철썩
예수님
감사합니다!!
많이 잡혔구나.
…어떻게
하신 거예요?
네!

무서워
말아라.
베드로…
너희를 '사람 낚는 어부'로
만들어주겠다.
나를 따라오너라.
…네!
이리하여 베드로와
안드레는 그물은
버리고 예수를
따라갔다.

예수는 또
어부였던
야고보와
요한도
불렀고,
이 넷이
예수의
첫 제자가
되었다.
가나
얼마 후,
예수는 갈릴리
가나에서 열린
결혼식에 참석
하였다.

예수야…
어떡하지?
잔치용
포도주가 다
떨어졌어.
저분은 예수님의
어머니신가.
나와 상관없는
일이에요.
아직 제 때가
아닙니다.
…

어쩌다가 이런 실수를…
…
어쩌지?
어머?
예수야!
와주었구나!
타다닥
모두, 시키는 대로 해요!!
휙

예수는 하인들에게 돌항아리에 물을 가득 채우라고 하였다.
첨벙
항아리에서 물을 떠서 손님들에게 가져다주세요.
!?
술 더 없어~?
에라, 나도 모르겠다!!
하인들은 예수의 말대로 하였다.
미쳐…
그러자-

오~ 맛있네!!
좋은 술이네!!
크~
술이 취할 때쯤에는 보통 값싼 포도주를 내놓는데
이건 처음 준 것보다 훨씬 맛있는데~~
어… 어떻게 된 거지?!
역시 우리 예수.
예수는 물을 맛 좋은 포도주로 바꾸었고, 이것이 예수가 행한 첫 기적이었다.

그 후, 예수는 많은 기적을 행하고 사람들을 가르쳤다.
예수님… 열병을 고쳐주세요!
쓰으
괜찮아요.
금방 좋아질 겁니다.
벌떡
어머, 기적이야~
감사합니다, 예수님!!
갑자기 몸이 가벼워졌어!
병으로 고통 받는 사람들을 고쳐주었으며-

이 남자한테 귀신이 붙었어.
예수님이 오셨어!!
으으으윽~
귀신아!
이 남자의 몸에서 나가라!!
크아아아악!!
우와…
귀신이 나갔어.
귀신 들린 사람을 고쳐주는 등 많은 기적을 일으켰다.

예수에 대한 신뢰는
점점 더 높아져갔다.
야, 나도
좀 보자.
이 집에
계신다네!
예수님께서
쉴 틈이
없으시겠어.
북적
북적
이렇게 많은
사람이
모이다니…
쩌적
쩌적
후드득
후드득
응?
뭐…
뭐야!

예수님!
무례를
용서하세요!!
흔들
흔들
몇 년이나
누워 지내는
친구예요.
고쳐주세요!
흔들
흔들
…
알겠어요.
당신의
죄는…
용서 받았습니다.
이제 일어나세요.
어…
섰다.
내가
일어섰어!!
역시…!
예수님~
하지만
예수를
안 좋게
생각하는
사람들도
있었다.
뭐가
'예수님'
이야!
죄를 용서한다고?
하나님도 아닌
주제에… 어디서
잘난 척은!!

사람들에게 세금을 뜯어내 미움을 받던 세리 마태도 예수의 제자가 되었다.
예수님! 제 재산을 다 버리고 당신을 따라갈래요!
그래, 좋다.
하하하
후훗
너희들은 대체 왜 이 더러운 놈들이랑 밥을 먹고 있는 거지?
쓱
야, 예수!
바리새인들이 또 선생님께 시비를 걸고 있어.
엇…

중산계급이고
율법을 엄격하게
지키던
바리새인들은
…
사랑의 가르침을
베푸는 예수와
대립관계였다.
쓱
마음이 곧은 사람을 위해
제가 온 건 아닙니다.
죄가 있는 사람들을
위해서 왔어요.
건강한 자에게는
의사가 필요 없어요.
하지만 병자들에겐
필요하죠.
그러니 이것은
당연한 일입니다.
이씨…

※안식일－집 안 일을 포함해 어떠한 일도 하면 안 되도록 율법으로 정해진 날.

이제
움직여
보세요.
쭈욱
쭉
허허허
이야… 움직여!
손이 움직여요!!
감사합니다!!
내가
다 봤어!!
?
탁
안식일에
사람을
치료하다니!
이게 말이
돼?
안식일에 좋은
일과 나쁜 일 중
어느 쪽을 하는 게
좋나요?
사람을 구하는 것과
모른 척하는 것 중
어느 쪽이
옳습니까?
그…
그건…!
이러한 방해에도
예수는 결코
굴하지 않았다.

어느 날, 예수는 산에 올라 제자들을 불러놓고
지금부터 부르는 사람은 앞으로 나오도록.
복음을 전하고 귀신을 쫓는 힘을 줄 열두 명을 골라-
베드로
그 동생인 안드레
야고보와 그 형제 요한

빌립
바돌로매
마태
도마와 알패오의 아들 야고보
열두 제자로 세웠다.
다대오
※셀롯파 시몬
그리고…
가룟 유다
네.
열두 제자 중에는 나중에 예수를 배신한 유다도 있었다.

노력하는 사람들의 모임.

예수의 가르침
마음이 가난한 사람은 복이 있습니다. 천국이 그들의 것이기 때문이죠.
슬퍼하는 사람은 복이 있습니다. 그들은 위로를 받을 것입니다.
마음이 유순하고 의에 굶주리고 목마른 사람은 복이 있습니다. 유순한 사람은 땅을 물려받고
목마른 사람은 원하는 것을 다 얻기 때문이죠.
그럼… 나처럼 가난한 사람도…!

마음이 깨끗한 사람은 복이 있습니다. 그들은 하나님을 보게 될 겁니다.
남을 불쌍히 여기는 사람은 복이 있습니다. 하나님도 그들을 불쌍히 여기십니다.
화평을 이루는 사람은 복이 있습니다. 그들은 하나님의 아들이라 불릴 것입니다.
나 때문에 핍박당하고 온갖 악담을 들을 때 여러분은 복이 있습니다.
의를 위해 핍박을 받는 사람은 복이 있습니다. 천국이 그들의 것입니다.

쓱
기뻐하고 즐거워하세요. 하늘에 여러분을 위해 큰 상이 준비되어 있습니다.
내가 온 것은 율법이나 예언자를 없애기 위해서가 아닙니다.
나는 그것들을 완전하게 하려고 왔습니다.

형제를 무시하거나
이유 없이 화내거나 하는 사람도
똑같이 벌을 받습니다.
오래전부터
"살인하지 말라"는
계명이 있죠.
"간음하지 말라"는
계명도 마찬가지예요.
더러운 눈으로
다른 사람의 아내를
쳐다보는 사람은 이미
마음속으로 간음을
한 것입니다.
나쁜 사람에게
대적하지 마세요.
오른뺨을 때리거든
왼뺨도 때리라 하세요.
"눈에는 눈, 이에는 이"
라는 가르침도
마찬가집니다.

또한 "이웃을 사랑하고 원수는 미워하라"는 말씀이 있지만 앞으로는…
속옷을 빼앗으려고 하는 사람이 있으면 내어주세요.
원수를 사랑하고 나를 괴롭히는 사람을 위해 기도하세요.
착한 일을 남이 보지 않는 데서, 오른손이 하는 것을 왼손이 모르게 하세요.
위선자들처럼 기도하면 안 됩니다.
사람들의 죄를 용서하면
하늘 아버지도 여러분을 용서해 주십니다.

※아멘-기도나 찬송 끝에 그 내용에 동의하거나 그것이 이루어지기를 바란다는 뜻으로 하는 말.

건너편으로 건너가자. 베드로, 배를 준비할래?
네!
뭐… 뭐야?!
갑자기 호수가 요동을 치고 있어!!
이대로 가다간 배가…
처얼썩
예수님!! 일어나세요!!
으… 음.

풍랑아,
멈추어라!!
왜 무서워하는 거냐? 너희들의 믿음이 고작 그것뿐이냐?
예수가 뱃머리에 올라 소리 치자 바람과 파도가 잔잔해졌다.
괭장해…!
날씨까지 마음대로 조정하시다니…

예수는
사람들을
가르칠 때
비유를 잘
들었다.
밭에 씨를
뿌리는 사람이
있다고 칩시다.
어떤 씨는―
길바닥에 떨어져
새의 먹이가
되었고,
어떤 씨는―
흙이 얼마 없는
돌밭에 떨어져
뿌리를 깊이 내리지
못해 해가 돋자마자
타서 말라 버렸죠.
또, 어떤 씨는―
가시덤불에 떨어져
가시나무가 자라면서
그 기운을 막아
자라지 못했어요.

하지만… 좋은 땅에
떨어진 씨는－
30배, 60배, 100배의 열매를
맺었습니다.
…?
선생님,
왜 비유로
말씀하신
거죠?
씨는 하나님의
말씀을, 땅은
그것을 듣는
사람을 의미한다.
너희들은 알지만
저 사람들은 보아도
알지 못하고
들어도 깨닫지 못해서
비유로 말한 거다.

길바닥에 떨어진 씨는– 말씀을 들어도 깨닫지 못하고 사탄에게 기쁨을 빼앗긴 사람을 의미하고,
돌밭에 떨어진 씨는– 말씀을 듣고 바로 기뻐하지만 뿌리가 얕아 무언가 어려움이 생기면 쉽게 넘어지는 사람을 의미한다.
귀찮아.
홱
가시덤불에 떨어진 씨는– 말씀은 듣지만 세상 유혹에 흔들려 열매를 맺지 못하는 사람을 뜻한다.
좋은 땅에 떨어진 씨는 말씀을 깨달으려고 노력하는 사람이고,
그런 사람이야말로 열매를 맺게 된단다.
그렇구나… 천국에 들어가려면 마음가짐이 중요하구나.
또 천국은
겨자씨와 같은데
겨자씨는 씨앗 중에 가장 작지만 자라면 새가 가지에 둥지를 틀 정도로 커진단다.

또
어느 날,
예수는
열두
제자를
불러
모아…
병을 고치고
귀신을 내쫓고
천국을 전하고
값없이 베풀어라.
둘이 한 조가
돼서 각지에
선교를 떠나거라.
너희들도
값없이
받았으니깐.
이리하여
예수의 가르침은
더 많은
사람들에게
알려졌다.

하지만
선교가 항상
순조롭지만은
않았다…
예수가
고향인
나사렛에
서 선교할
때였다.
이 이사야서의
예언은 이루어졌어요.
내가 바로
메시아입니다.
어머나…
너무
멋지셔!
낯익은
얼굴
인데…?
뭐가 메시아야!!
너 요셉과
마리아의
아들이지?!
이
사기꾼!!
뭐
라
고
?
이 자가
메시아일
리가 없어!!
엇? 요셉의
아들이잖아?

예수는
사람들의
믿음 없음
에 놀라
나사렛
마을을
나왔다.
예언자는 고향에서나
친척과 가족에게는
존경받지 못하는
법이지.
어서
꺼져!!
그리
됐구나…
그러던
어느 날,
요한의 제자
가 예수에게
슬픈 소식을
가져왔다.
예수님
…!!
헐레
벌떡
…?

예수에게
세례를 베푼
요한은
그 이후에-
헤롯왕의 아들인
헤롯 안디바는
율법을 어겼다!!
형의 아내인
헤로디아를
자신의 아내로
삼지 않았는가!!
이것은
율법을
어기는
행동이다!!
다다닥
비켜
비켜!!
철컹
우욱!!
왕을
모독한
죄로 체포
되었다.
예루살렘
헤롯의 궁전

※살로메-헤로디아의 딸로 전 남편의 아이.

…?
그렇다면… 제게
세례 요한의 목을
주세요!
사뿐
소곤
소곤
스스슥
뭐? 요한의
목을 달라고?!
웅성
웅성
그렇다고 여기서
거절하기도
그렇고…
헛…
헤로디아의
짓인가?!
대중의 신망이
두터운 요한을
처형하는 건 쉽지
않은데…

알겠다.
요한의 목을
가져와라.
싸악
이리하여
세례 요한은
생애를 마쳤다.
다음은
예수님이실지도
모릅니다요.
어디로
피하시는 게…
아까운
사람을
놓쳤구나…
…
나는 괜찮다.
지금은
기도하자.

예수의 기적
제자들이 돌아오자 예수 일행은 선교여행을 이어나갔다.
예수님, 벌써 저녁 시간입니다. 각자 알아서 먹을 것을 사 먹으라고 하시죠.
아니다. 우리가 먹을 것을 나눠주자.
하지만 빵 다섯 개와 물고기 두 마리밖에 없는데요.
그거면 충분하다.
…?

예수는
빵 다섯 개와
물고기 두 마리
를 들어
하늘을 향하여
축복한 다음,
척
짝
짝
이것을
사람들에게
나눠주어라.
제자들
에게
나누어
주게
했다.

배불러서
더 이상은
못 먹겠다!
그러자 신기
하게도 사람
들이 배불리
먹고도-
이…
이럴
수가…!
어떻게
이런 일이…
5,000명이
나 되는
사람들이
배불리
먹고도
남은 빵이
광주리
열두 개에
가득 찼다.

그 후, 예수는 제자들을 먼저 건너가게 한 다음 사람들을 돌려보냈다.
저렇게 많은 사람들을 다 먹이시다니… 정말 대단하셔.
그러게.
응?
왜 그래, 형?
…
물 위에 사람이…
저… 저건 유령?!

스르륵
선생님?!
무서워 말아라, 베드로.
나다.
저…정말 선생님이세요? 그렇담 제게도
물 위로 걸어오라고 말씀해주세요!
베드로야… 이리 와봐라.

흔들
오…!
오옷!!
형!! 괜찮아?
철썩
?!
!
흔들
예…
예수님!
살려
주세요!!
베드로야,
네 믿음이 작구나.
하나님을 의심해선
안 된다.

예수님! 하나님 말씀을 들려주세요!!
제발요, 예수님!!
이튿날 아침, 많은 사람들이 예수를 찾아왔다.
아닙니다! 저희는…!!
여러분이 나를 찾는 것은 가르침이나 기적을 보기 위해서가 아니라
빵을 먹고 배부르고 싶기 때문이군요.
썩어 없어질 양식이 아니라 영원한 생명의 양식을 위해 일하고 하나님이 보내신 자를 믿으세요.

그럼 우리가 당신을 믿을 수 있게 기적을 보여주세요.
내 아버지는 하늘의 참된 양식을 주시는 분입니다. 하나님의 양식은 하늘에서 내려와 세상에 생명을 주죠.
그리고… 내가 바로 그 생명의 양식입니다.
으잉? 이게 도대체 무슨 말이야?
내게 오는 사람은 굶주리지 않고 나를 믿는 사람은 목마르지 않습니다.
나사렛의 목수 아들 주제에 헛소리는!
…
그래!! 말도 안 되는 소리 하지 말고 빨리 빵이나 내놔라!!

무슨
헛소리냐?!
이
사기꾼아!!
내가 하늘에서
내려온 살아 있는
빵입니다.
이 빵을 먹으면
영원히 살죠.
또
내가 주는 빵은
세상을 위한
나의 살입니다!
예수의 말을
이해하지 못한
사람들은 하나
둘 떠나갔다.
너희들도
떠날래?
!!
흐윽

팟
무슨 말씀이세요?!
저희는 선생님이 영원한 생명의 말씀을 가지신 성자라 믿고 있어요.
너는 내가 누구라고 생각하지?
주 예수 그리스도이십니다!

열두 제자를 고른 것은 나지만…
또 한 가지 해둘 얘기가 있다.
모두에게
이 안에 한 사람… 사탄이 있다.
예수님, 정말입니까?!
뭐...?
…

그리고 나는 많은
고통을 당하고
장로와 제사장과
율법학자들에게
버림을 받아-
……죽게 될
것이야…
말도
안 돼…!
선생님께서
이런 농담을
하실 리가
없는데…
설마…!
하지만 사흘
후에
부활할 거다.
자신을 버리고
매일 십자가를
질 수 있는 사람만
따라와라.

며칠 후,
예수는 베드로
와 요한과 야고
보를 데리고
높은 산으로
올라갔다.
그리고
예수가 산
정상에서
기도하고
있는데-
화악
엉?
예수님…!

예수의
모습이
변하여
하얗게
빛나고
있었다.
또 예수는
곁에 있던
모세와 엘리야
와 이야기하기
시작했다.
우와…!

번쩍
예수님! 그리고 모세와 엘리야님! 여기에 세 개의 ※성막을 만들어 드릴게요.
베드로는 공포에 질려 자기도 모르게 이렇게 말했다.
퍼엉
우와아!!
이는 내가 사랑하고 기뻐하는 내 아들이다. 너희는 그의 말을 들어라.
우아아!!
털썩

※성막-이동식 성전을 뜻함.

베드로야, 두려워 말고
눈을 떠보렴.
예… 예수님!!
내가 죽었다 다시 살아날 때까지 이 일은 아무에게도 말하지 말거라.
자, 산을 내려가자.
…네.
다음 날, 예수가 산을 내려가니 사람들이 모여 있었다.
웅성! 웅성!

!
예수님,
살려주세요!
제 외아들인
데…
척
음?
귀신이
붙었어요!
꺼억
꺼억
예수님의
제자들은
내쫓질
못했어요!
이렇게나 믿음이
연약하다니…
내가 언제까지
참아야 한단 말이냐?

하아아…
예수는 소년의 몸에서 귀신을 내쫓았다.
예수님!
감사합니다!!
예수님, 어째서 저희는 못 쫓았나요?
이런 귀신은 기도가 아니면 어떤 방법으로도 내쫓지 못해.
그리고 예수는 다시 한번 자신의 죽음을 예고 했지만,
제자들은 그 뜻을 이해하지 못했다.
…

하늘로 올라갈 날이 가까워 오자 예수는 예루살렘으로 향했다.
?
스윽
어떻게 하면 영원한 생명을 얻을 수 있는지 가르쳐줘.
예수, 잠깐만.
저 율법학자, 선생님을 시험하려 하고 있어.
율법에는 뭐라고 쓰여 있죠?
"너는 마음을 다하고 정성을 다하고 뜻을 다하고 힘을 다하여
주 너의 하나님을 사랑하라"
"네 이웃을 네 몸과 같이 사랑하라"고 되어 있지.
스윽
그럼 그렇게 실천하세요.

자… 잠깐만!
그럼 '이웃'은
누구를 말하는 거냐?
……
당신에게 이 비유를
들려드리죠.
어떤 남자가 강도를 만나 모든
것을 뺏기고 크게 다쳐 길바닥에
쓰러져 있었죠.
그곳을 한 제사장이 지나갔는데
그는 모른 척하고 지나갑니다.
레위인도 똑같이 모른 척
지나갔어요.

하지만
한 사마리아인은
그에게 다가가 상처를
치료해주고.
여관비를 내주고 부족한 대금은 나중에 치르겠다며 여관 주인에게 그를 부탁하고 갔습니다.
이게 무슨
소리지?
유대인들이
싫어하는
사마리아인!?
이 중에 누가
강도 만난
사람의
이웃입니까?
아하!
음…
그건
사마리아
인이지.

당신도 똑같이 하세요.
소중한 건 지식이 아니라
실천이에요.
맞습니다.
!
예루살렘
회개하고
어린아이와 같이
되지 않으면
천국에 들어갈 수
없습니다.

또 천국은 볼 수 있게 오는 것이 아닙니다. 하나님의 나라는 이미 여러분 안에 있어요.
이 아이처럼 자신을 낮추는 사람이 천국에서는 가장 위대하죠.
척
꺄아아 아…!!
철퍼덕
…?
아아… 예수님…!
예수! 이 여자는 간음죄로 잡힌 여자다.
탁
바리새인들과 율법학자들…!
흑
모세의 율법에는 돌로 쳐서 죽이라고 되어 있는데 당신을 어떻게 할 거지?

…?
시간 벌려는 수작하지마!
그렇다면…
찌익
찌익
그러면 지금까지 죄를 지은 적이 없는 사람이
이 여자에게 돌을 던지세요!
이익…!
웅성
웅성
치…!

모두들 사라져 버렸군.
아무도 당신을 죄인이라 하지 못했습니다.
네…
나도 당신에게 죄가 있다고 생각 안 하니
어서 가세요.
그렇지? 메시아일 리 없어!!
아냐! 저 남자는 나사렛의 목수 아들이라고!
역시 저 분은 메시아야.
그래!
사람들 사이에서 예수에 대한 의견이 나뉘기 시작했다.

그 이후로도 예수는 각 지역을 돌며 사람들을 가르쳤다.
마르다, 슬퍼하지 말아라.
나사로는 살아날 거야.
네!
마지막 때에 오빠가 살아날 거라는 걸 알고 있어요.
아니. 지금 내가 살릴 거다.
네에? 무리예요. 죽은 지 벌써 4일이나 지났어요.
마르다, 나를 믿어.
네…

쿠구궁
나사로,
걸어 나와라!!
마리아!
기적이
일어났어!
응!
나사로!!
기…
기적이
야!!
예수는 많은
기적을 통해
사람들을
구했다.

죽은 자를 살렸다는 소문을 들은 제사장과 바리새인들은…
뭐?!
죽은 사람을 살렸다고??
네.
그 밖에도 각지에서 수많은 병자들을 고쳐서 사람들의 신뢰가 두텁습니다.
젠장… 이대로 가다간 우리만 난처해지겠군.
의회에서는 비밀리에 예수를 죽일 계획을 세우기 시작했다–

존귀하신 선생님! 가르쳐주세요.
…?
척
예수는 각지를 돌며 하나님 말씀을 가르쳤다.
어떻게 하면 영원한 생명을 얻을 수 있나요?
존귀하신 분은 하나님뿐 입니다.
간음하지 말고, 살인과 도둑질과 거짓말을 하지 말고, 부모를 공경하세요.
그런 건 어릴 때부터…
당신에겐 한 가지 부족한 것이 있어요.

재산을 팔아 사람들에게 나눠주세요.
그렇게 하면 하늘에 보물이 쌓입니다. 그러고 나서 나를 따라오세요.
그… 그건…
남자는 재산이 많았기 때문에 근심하며 돌아갔다.
부자가 하나님 나라에 들어가는 건 어려운 일이구나…

나는 이제
예루살렘으로
갈 거다.
쓰윽
예언자들의
예언을 실현하기
위해서 간다.
나는 이방인의
손에 넘어갈
것이다.
그들은 나를
조롱하고
능욕하고-
침 뱉고
채찍질하고
죽일 것이다.
그러나 나는
사흘 만에 살아날
것이다.

설마
진짜로…?
이 말씀만
벌써
세 번째인데…
이스라엘
베들레헴에
서 태어나
나사렛에서
자랐고
서른 살에
요한에게
세례를 받은
예수
갈릴리 호수
가나
예루살렘
베다니
사해
베들레헴
3년이라는 짧은
선교 기간에도
불구하고 갈릴리를
중심으로
유대 지방에 사는
많은 사람들을
가르친 예수는
자신의
죽음을
각오하고
예루살렘으
로 향했다.

예수의 고난
예루살렘 으로 가기 전, 예수는 나귀를 준비시켰다.
저 마을에서 나귀를 빌려와라.
네.
다그닥 다그닥

성경에 기록된 대로야! 구세주가 나귀를 타고 오셨어!
예수님 만세!!
유월절을 지내기 위해 많은 사람이 모인 예루살렘-
우와~
구세주님이다! 다윗의 아들께 축복을!!
와아
그곳에 예수는 스가랴의 예언대로 나귀를 타고 등장했다.

와~
와~
이런 싸구려
연출로 민심을
얻다니…!!
예수는
성전으로
들어갔다.

타
다
다
닥
?!
이런…!
선생님! 왜 그러세요?!
제물로 바칠 비둘기를 사실려구?
성큼
뭐… 뭐야?!
!?

휘익
휘익
무… 무슨 짓이야!!
제물로 바칠 비둘기랑 양들인데!! 엉망진창이잖아!!
헉
헉

"내 집은
기도의 집이다"
라고 성경에
쓰여 있다!
그런데 너희들은
성전을 강도의
소굴로 만들고
있어!!
아아
예수님은 아버지의
성전에서 장사하는
걸 용서하지
않으시는구나…
히이잉…
그 후,
예수 일행은
베다니를
거점으로 매일
예루살렘으로
들어갔다.

제멋대로군,
예수!
응?
쓱
며칠 전에는 성전에서
소란을 피우더니…
오늘은 사람들을
가르치고 있고…
도대체 무슨 권한으로
그러는 거냐?
그렇다면
내가 물어보죠.
세례 요한은
누구에게
권한을 받았죠?
…
그건
말이지…

헉?!
곤란하게 됐어.
하늘이 주셨다고 하면
왜 믿지 않았냐고 할 거고,
사람이 주었다고 하면 요한의
지지자들에게
원성을 사겠지.
젠…
젠장…
…대답할 수
없어…
그렇군.
그럼 나도 무슨 권한으로
이러는지 대답하지
않겠습니다.
역시 예수님!
흥!
멍청하기는.
쓰윽
그럼 예수여!
내 질문에
답해보아라!!

유대인인 우리가
로마 황제에게 세금을
내는 것은 율법에 맞는
일인가?
…
이런!
내야 한다고 하면
로마의 지배를
반대하는 사람들의
미움을 사고
황제를 왕으로
인정하는 꼴이
되고…
내지 말아야 한다고
하면 로마인과
그 지지자들에 대한
반역이 되어
체포될 텐데…
교활한
자식!
세금은
뭘로 내죠?
은화지.
은화에는
누구의
초상화가
있죠?
…?
로마 황제의
그림이…

그렇다면 로마 황제의 것은 로마 황제에게 돌려주고 하나님의 것은 하나님께 돌려드리세요!
SAR
으이씨…! 분하다!!
역시 예수님! 이 질문을 이렇게 멋지게 받아치시다니…
그 이후에도 예수에게 수많은 질문이 쏟아졌지만 예수는 모든 질문에 시원한 답을 주었다.

감람산
언제 그런 일이 일어납니까? 징조가 있을까요?
또 전쟁의 소문이 들려도 당황하지 말아라. 전쟁은 일어난다. 그렇다고 그때가 종말은 아니다.
사람들에게 속지 말아라. 내 이름을 대고 메시아라고 주장하는 자가 나타나 사람들을 속일 거다.
예수는 제자들에게 세상 종말의 징조와 핍박에 대해 이야기하기 시작했다.
민족과 민족이, 나라와 나라가 서로 맞서 싸우고 지진과 기근이 있을 거다. 이 모든 것은 고통의 시작에 지나지 않는다.

또 너희들은 나 때문에 모든 민족에게 미움을 받을 것이다. 하지만 끝까지 견디는 사람은 구원을 받는다. 그리고 복음이 온 세계에 전파되면 그 때 세상의 끝이 올 것이다.
예수는 자신의 재림에 대해서도 얘기했다—
해가 어두워지고 달이 빛을 내지 않고 별들이 떨어지고 천체가 뒤흔들릴 것이다.
나는 천사들을 보내 하늘 이 끝에서 저 끝까지 사방에서 선택된 사람들을 모을 것이다.
그리고 사람들이 통곡할 때, 내가 온다는 징조가 하늘에 나타날 것이다.

이 세대가 지나가기 전에 이 모든 일이 반드시 일어날 것이다.
그러나 그 때는 아무도 모른다. 오직 아버지만 아신다.
하늘과 땅은 없어져도 내 말은 결코 없어지지 않는다.
너희들도 명심하거라. 나는 예상하지 못한 때에 다시 올 테니깐…

그리고 이제
이틀 후면
유월절이구나.
이틀 후에 나는
십자가에 달리기 위해
넘겨질 거야.
하나님의
어린
양으로…

감람산에서
돌아온 예수는
베다니로
돌아갔다.
뭐지? 이 좋은
향기는…
으음
쓰윽
네.
아아, 향유
냄새구나!

예수님,
실례할게요.
척
문질
이
무슨!!
무슨
짓이야!!
팍
그렇게 귀한 향유를!
팔면 300데나리온은
받을 수 있는데…
그거면 많은 가난한 사람들을
도울 수 있다고!!

하…
하지만!!
유다야, 내버려둬라. 뭐라 하지 말아라. 이 여인은 나에게 좋은 일을 했다.
…
이 여인는 내 몸에 향유를 부어 내 장례를 미리 준비한 것이다.
야! 어디가?
휙
…
흥!!
제자 중에서 회계를 맡고 있던 유다는 가끔 돈을 훔쳤다.
이 때도 좋은 마음에서가 아니라 돈이 아까워서 한 말이었다.

같은 날,
제사장과
율법학자들은
예수를 죽일
방법을 생각
하고 있었다.
어떻게 하면
사람들의 지지를
받는 예수를
죽이지?
쓰윽
저기…
그곳에
유다가
나타났
다-

예수의 제자 아니냐?!
너는…!
벌떡
내가 일이 쉽도록 당신들을 도와주지.
선생님을 넘겨주면 얼마를 줄 거지?
하악
하악
크하하하!!
유다!
재밌게 됐군. 은화 30냥을 주지! 이걸로 예수를 사겠다.

예수는 마지막 식사가 될 유월절 식사를 하기 전 제자들에게 사랑을 전했다.
고난을 받기 전에 너희와 함께 유월절 식사를 하기를
진심으로 바랐단다.
베드로야. 발을 내보거라.
네?
질끈
어? 선생님께서 뭐하시는 거지?
번쩍
하…하지마세요, 예수님! 어찌 저 같은 사람의 발을 선생님께서 씻기려고 하세요!

베드로야,
나중에 알게
될 거다.
다른 사람들도
서로 발을
씻겨주며
서로 사랑했으면
좋겠다.
문질
문질
발을 다
씻긴 후,
예수는
제자들에게
이렇게
말했다.
너희에게
전할 말이 하나
있다.

이 안에 나를 배신하고
팔아넘길 자가 있다.
주님!
그게 도대체
누구죠?
…
우리 안에
배신자가
있다니…!
헉
내가 빵 한 조각을
찍어서 주는 바로
그 사람이다.
푸욱

!?
흠칫
무… 무슨
말씀이세요?
제가 배신자라
고요??
그래…

네가 하려는
일을…
지금 가서 하거라.
이이
익…!!
타
다
닥
타
다
닥
그 때,
유다 안에는
사탄이
들어와
있었다.
그러나,
제자들은
유다가 왜 뛰쳐
나갔는지
알지 못했다.

이 빵을 떼어 먹어라. 이것은 내 몸이다.
척
제자 들아…
찌익
찌익
쓱
예수는 빵과 포도주를 축복하고 제자들에게 나누어 주었다.
이 잔을 들어 마셔라. 이것은 내 언약의 피다. 많은 사람의 죄를 위해 흘리는 내 피다.

쑥
꿀꺽
너희와의 시간도
이제 얼마 안 남았구나.
너희는 나를 버리고
도망갈 거야.
하지만
나는 반드시
다시 살아나
갈릴리에서
기다리겠다.
무슨 말씀을!!
저는 절대
선생님
곁을…!
베드로.

너는
오늘 밤
닭이
울기 전에
세 번 나를
모른다고
할 거야.
식사 후, 예수
는 제자들과
함께 감람산
아래 겟세마네
로 갔다.
척
베드로,
야고보, 요한아!
가슴이 미어지게
슬프구나.

내가
기도하고
올 동안
여기서 자지 말고
기다리거라.
알았지?
…네.

주님…
가능하다면 이 잔을
제게서 거두어
주세요.
하지만 아버지, 제 뜻이
아니라 아버지의 뜻대로
해주세요.

성큼 다가
온 죽음의
공포를
견디는
예수–
괴로움에
절실히 기도하
며 흘린 땀이
핏방울처럼
땅에 떨어졌다.

쏴아 쏴아,
베드로, 일어나라.
어찌 잠시 동안도 기다리지 못하느냐?
으음…
헉!
유혹에 넘어가지 않도록 깨어 있어라.
마음이 불타고 있어도 몸은 약한 법이다.
죄…죄송해요!!

그러고 나서 예수는 두 번 을 더 혼자 기도했다–
…
그러나 두 번 모두 제자들은 깨어 있지 못하고 잠이 들고 말았다.
열두 제자라고 해도 예수의 가르침을 다 이해한 것은 아니었다.

열두 제자 중에 누가 제일 잘났는지 말다툼을 벌이기고 하고
야고보와 요한의 어머니는 두 아들을
천국 보좌 좌우에 앉게 해달라고 부탁하기도 했다.
후우

으… 응?
베드로야.
죄송해요, 예수님!!
어… 어엇?!
이제 됐다… 때가 되었구나. 나를 배신할 자가 왔다.
뭐야, 저 불빛은?
네에?

성큼
성큼
짠
짜
유다! 네가 왜 여기 있는 거야??
설마 선생님을 체포하려고…!

안녕하세요,
선생님.
쓰윽
유다.
입맞춤으로
나를
배신하려는
거지?
이 입맞춤은
예수를 잡기
위한 신호였
다.
쪽

저 남자가
예수다!!
잡아라~~~!!
유다가 예수를
배신했다는 이유로
유다가 사탄
씌었다는 설,
돈 때문이라는 설
외에도 예수가 로마
로부터 유대를 해방
시켜줄 거라고 기대
했는데 안 된다는 걸
알고 실망해서 배신
했다는 설
내가 입 맞추는
사람이 바로 예수다!
죽음으로 인류의
죄를 용서하려는
예수를 위해 스스
로 악역을 자청했
다는 설 등…
여러 설이
전해지만
진실은
지금도
수수께끼로
남아있다.

성큼
성큼
성큼
그…
그만둬!
휙
허억!
이
자식이!!!
내 귀!
내 귀!!
그만둬라!!
선생님!!
쓰윽
대체
무슨 짓을…
쓱
아파…!

칼을 도로 집어넣어라.
칼을 쓰는 사람은
칼로 망한다.
내가 아버지께 부탁하면
12개 여단의 군대보다
더 많은 천사들을 당장
보내주실 거다.
잘린 귀가
나았어!
하지만 성경의
예언을 이루기
위해서 나는
부탁하지
않을 거다.
나를 잡아가라.
지금은 너희들의 때다.
자…!
쓱
내가…
대체 무슨 짓을
한 거지?!
어이!
데려가자!!

헉
헉
젠장… 선생님을 어디로 끌고 가는 거야?
대제사장에게 가겠지…
예수를 잡자 마자 재판이 열렸다.
예수를 사형시키기 위해 열린 재판이었지만 그럴 만한 죄가 발견되지 않아 제사장들은 초조해졌다.

대답해라!
네가 하나님의
아들 그리스도
냐?!
에잇, 왜 아무 말
도 안 하는거냐?!
대제사장 가야바
…
대답해라
예수!!
스윽…
나는…
그리스도다.
내가 하나님의 오른편에
앉은 것과
구름을 타고 오는 것을
너희가 볼 것이다.
뭐라!!

사형이다,
사형!!
그래! 사형
시켜라!!
다들 들었지?!
이건 하나님에
대한 모독이다!!
십자가에
못
박아라!!
퍼
퍽
팍
쾅
크학!
으윽…
퉤
…

예수도 이제
끝났군.
…
그러게
말야.
이 안에
예수님이
계실 텐데…
무사하신
건가
어? 너
예수랑 같이
다니던 놈 아냐?
!!
아… 아냐!
난 예수란
사람 몰라!!
휘익
응?

너 나사렛 예수랑 같이 있던 놈이지?
그… 그런 사람 난 몰라!
웅성
뭐야?
뭔데?
나도 봤어. 이 자식 예수의 제자 중 한 명이야!!
몰라 몰라! 나는 예수란 자랑 아무 상관없어!!
탁
타다닥
타다닥
으윽…

꼬끼오
꼬끼오
헉?!
너는 오늘 밤 닭이 울기 전에 세 번 나를 모른다고 할 것이다.
왈칵
베드로는 그 자리에 쓰러져 울며 깊이 후회하였다.
아아… 저를 용서해 주세요!
철퍼덕
예수님… 예수님은 알고 계셨군요…

※빌라도—로마에서 파견된 총독

빌라도는 예수를 채찍질 하였지만, 그 자리에 있던 사람들은 예수를 죽이라고 요구했다.
와아
와아
사형 시켜라!!
십자가에 못 박아라!!
사람들 중에는 제사장들이 고용한 사람들도 같이 있었다.
씨익
칫
오늘은 유월절이다! 관례에 따라 죄인 한 사람을 풀어주겠다!! 이 남자를 풀어주자!!
아냐! 바라바를!!
사람들은 빌라도의 말은 듣지도 않고 흉악범인 바라바를 석방시키라고 했다.
바라바를 풀어줘라!!
에잇!! 니네 마음대로 해! 이 자가 죽는 건
내 책임이 아냐… 몰라!

찌이익
찌이익
그렇게 예수는 십자가에 못 박히게 되었다.
어떡해…
비켜 비켜!!
아유…
하아
하아
예수는 숱한 채찍질로 상하고 찢긴 몸을 이끌고 형이 집행되는 ※골고다 언덕으로 향했다.

※골고다-해골이라는 뜻.

됐어! 이제
못을 박아라!!
하아
하아
휙
쾅
크아아아아악!!
우갸아아악!!
콱
콱
크하
아악!!!

으으윽…
다 됐다!
크크.
헉
헉
십자가를 세워라!!
끼이이익!
예수는 두 죄인과 함께 십자가 형벌에 처해졌다.
예수의 머리 위에는 '유대인의 왕, 나사렛 예수'라는 죄패가 걸렸다.

…저 사람들을
용서해
주십시오…
저들은 자기들이
하는 일을 알지
못합니다.

뭐야!
하나님의
아들이면
네 자신을
구해봐라!!
맞아
맞아!!

으윽…
저기 봐라! 예수의 어머니와 제자다. 불쌍하군.
요한아 …
…네, 예수님!
요한아… 어머니를 부탁한다.
예수는 제자인 요한에게 어머니를 부탁했다.
잠시 후, 대낮임에도 불구하고 온 땅이 어두움에 뒤덮였다.

※하나님을 찬양한 다윗의 시의 첫 구절이기도 함.

그렇게 예수는
숨을 거두었다.
하나님이 이 땅에
보낸 예수는—
사람들의 죄를
용서하기 위해
십자가에 못 박
혀 숭고한 피를
흘렸다.

부활과 승천

※막달라 마리아 - 일곱 귀신이 붙어 괴로워하던 중에 예수가 고쳐준 뒤 신자가 되었다.

마리아가 이
일을 제자들에게
전하고 다시 그
자리에 돌아와
울고 있자…
흑…
흑흑……
파앗
왜 울고
있느냐?
마리아에게
두 천사가
나타났다.
그리고–
…?!
여자여…
흑흑흑
마리
아야…
어? 이
목소리는!!
주님의 시체가…
흑흑
그분 시체가 없어요.
어디 있나요?
스으

※랍비-선생님이라는 뜻.

예수는 이어
제자들 앞에도
나타났다.
갈릴리
망했다.
하나도
안 잡혀
얘들아!
오른편으로 그물을
던져보아라!
네?

허어억!
설마…!
설마 저분은!
우왓! 엄청
잡혔어~~!!
베드로
형!!
예수님!!
풍덩
풍덩
해변에서
식사를 마친
후, 예수는
베드로에게
이렇게 질문
했다.

베드로야,
너는 나를
사랑하니?
……
예수는
베드로에게
이 질문을
세 번 반복
했다.
네… 주님!
제가 주님을 사랑
하는 것을 주님이
아십니다.
베드로는 예수가
자신을 용서하고,
세상에 복음을
전하기 원하는 것을
알았다.

예수는 40일간 세상에 머물며 천국에 대해 제자들에게 가르치고 하늘로 올라갔다.
나는 하늘과 땅의 모든 권능을 받았다.
너희는 가서 모든 민족을 제자로 삼아 세례를 베풀어라.
내가 세상 끝 날까지 항상 너희와 함께 있겠다.

예수는
자신의 죽음
을 통해
인간의 죄를
용서하였고-
그 후,
예수를 믿는
모든 사람은
구원을 받는다는
하나님과
인간 사이에
새로운 언약이
맺어졌다.

신약성경
예수의 가르침과 생애를 기록한 복음서 뒤에는 예수의 승천 후 제자들의 활동을 기록한 '사도행전'이 있다.
승천 전, 예수는 제자들에게 이런 말을 남겼다.
예루살렘에 머물러라. 거기서 성령의 세례를 받게 될 것이다.
예수의 말대로 제자들은 예루살렘에 머물렀고
유다 대신 새로운 제자로 맛디아를 뽑았다.

그리고 오순절
아침에 제자들이
기도를 드리고
있는데-
하늘에서
강한 바람
이 불어
!!
뭐…뭐지,
이건?!
성령이 제자들의
머리 위에 세례를
베풀었다.
그러자 그들은
자신이 알지 못하는
외국어로 말하기
시작하였다.

뭐지?
여러 나라 말로 하나님을 찬양하는 것 같은데…
아침부터 뭐하는 거야?
그러게 말야. 술 취해서 저러는 거 아냐?
어? 저 사람들은?
여러분! 우리는 취하지 않았습니다!! 회개하세요!!
나사렛 예수님이야말로 하나님의 아들이십니다!!
베드로와 제자들은 사람들에게 예수의 가르침과 부활에 대해 전했다.

와아…
그 날, 베드로와 제자들의 말에 감동을 받고 3천 명이 세례를 받았다.
이때, 교회가 탄생하면서 예수의 가르침이 온 세상에 전파되는 출발점이 되었다.

베드로는 예수 그리스도의 이름으로 많은 기적을 행하며 사람들을 구하였고-
자, 일어나 보세요.
쓰윽
어어? 일어났어!!
어?
그리고 이방인들에게도 세례를 베풀었다.
베드로는 천사와 신자들의 도움을 받아
이를 못마땅하게 여긴 유대교 제사장들의 핍박도 있었지만

예수의 가르침을 널리 전파하고 초대 교회의 기초를 만들었다.
그리고 '사도행전'에는 기독교에 크게 기여한 인물이 한 명 더 나온다.
주님. 저 사람들에게 부디
죄를 묻지 말아 주십시오…
됐다! 그만 둬라!!
그 사람은 처음에는 예수를 믿는 사람들을 핍박하던 바리새인인 사울이다.

사울이 예수의
제자들을 잡기
위해 다메섹으로
향하던 때였다.
화악
헉!!
왜 나를
핍박하느냐?
철퍼덕
우와
아아!
너…
넌 누구냐?!
나는 네가
핍박하는 예수다.
일어나서
마을로 가라.
네가 할 일을
알려줄 거다.

뭐… 뭐라고?!
눈이 안 보여!
그 때, 사울은 시력을 잃었다.
사울님!!
으윽…
……
사울은 다메섹으로 들어가 먹지도 마시지도 않고 사흘을 보냈다. 그러자 그곳에–

끼익
예수의 제자인 아나니아가 나타났다.
뭐라고? 나는 너희들을 핍박하던 사람이야!!
사울, 나는 당신이 한 일을 압니다.
하지만 나는 당신 눈을 고칠 겁니다.
아나니아야, 사울에게로 가거라.
그가 나를 위해 얼마나 많은 고난을 받아야 할 것인가를 내가 그에게 보이겠다.
주님은 말씀하셨다. 주님은 당신을 예수의 이름을 전할 도구로 선택하셨다.

흑흑…
쓰윽
아나니아에 의해 사울은 시력을 되찾았고 또한 세례를 받았다.
눈이… 눈이 보여!
그 후, 사울은 이름을 바울로 바꾸고 세 번에 걸친 전도여행을 통해
이방인의 땅인 소아시아, 마케도니아, 로마에 가르침을 전파하며 예수의 가르침을 온 세상에 전하는 전도자가 되었다.

'사도행전'에는 이러한 베드로와 바울의 행적과 초기 기독교 발전사가 기록되어 있다.
또 「신약성경」에는 초기 기독교 사상과 교리를 기록한 바울 서신과 공동서신이 포함되어 있으며
「신약성경」 마지막에는-
이 세상의 종말과 최후의 심판을 기록한 '요한계시록'이 있다.

※묵시문학-상징적인 언어로 하나님의 계시를 기록한 글.

여러 재앙이 일어나 세계에 종말이 온다.
그 후, 이 땅에 천년왕국 시대가 온다. 그리고 1,000년 후–
사탄으로 인해 다시 세상은 어지러워지나 사탄은 하나님 앞에서 망한다.
일곱 명의 천사들이 나팔을 불며 나타나 금대접에서 하나님의 분노를 쏟아 붓는 등
그리고 드디어 이 세상의 종말과 최후의 심판이 일어난다. 그리고–

천국의
시민으로
선택된
사람들은
하늘에서 내려온
거룩한 성,
새 예루살렘에서
살게 된다.
또 이때 예수가
재림할 것이다.
요한은 이러한 환상을
본 후, 예수의 때가
다가온다는
말씀과 종말 후
재림을 기다리라는
주님의 말씀을
들었다.
나는 알파요 오메가.
처음이자 마지막이요,
시작이자 끝이다.

이렇게
「구약성경」의
'창세기'에서
시작된 성경의
장대한 이야기는
'요한계시록'에서
막을 내린다.
—성경—
이것은 하나님의
말씀이며 계시이고
현재도 살아 계신
하나님의 말씀으로
많은 이들의 사랑을
받고 있다!
<끝>

만화로 독파 재밌는 만화성경 신약편

초판 5쇄 인쇄 2024년 4월 1일 초판 5쇄 발행 2024년 4월 20일

글 · 그림 Variety Art Works
펴낸이 김영진
펴낸곳 월드성서원
주소 경기도 고양시 덕양구 덕은로 60-12 우) 412-170

전화 02-765-0011~7
팩스 02-743-6811
성서원 홈페이지 www.biblehouse.co.kr
성서원 북카페 http://cafe.naver.com/biblehouse1972

출판등록일 1997년 7월 8일 (제300-1997-79호)
ISBN 979-89-360-2163-4 03230

성경 이야기가 머릿속에 쏙쏙~
한 번만 읽어도 쉽게
성경의 흐름을 이해한다!
만화 스토리 바이블
• 파노라마식으로 펼쳐지는 연대기적 성경 이야기
• 핵심을 꿰뚫는 탄탄한 스토리
• 일본 최고 만화 거장의 재미있고 드라마틱한 그림
국내 기획물 최초
프랑스어권 4개국, 인도네시아 수출!
– 국내 출간 전, 해외에서 먼저 인정한 책!!
구약 1
구약 2
신약
각권 11,000원
★ 교회학교 필독서!
★ 새신자 선물용 도서!
전권 세트 30,000원